Birder's
POCKET LOGBOOK

Copyright © Martin Phillips Associates Limited and Papworth Publishing
(a division of Neale Dataday Ltd).

ISBN 978-1-906247-16-4

1st Edition published July 2007

Design by Martin Phillips Associates Limited.

Topography

The diagram below indicates the main bird parts and feather tracts.

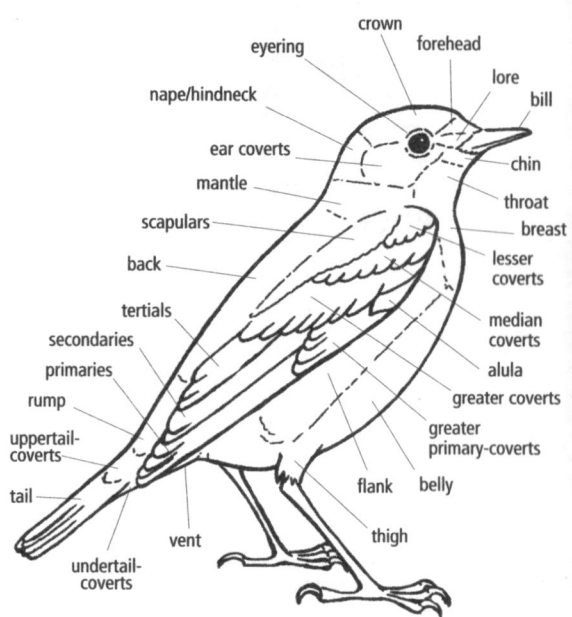

Birder's
POCKET LOGBOOK

Volume No. _____

Name _____

Address _____

_____

_____

_____

Tel _____

Mobile _____

Email _____

Started _____

Finished _____

Using this logbook

This book allows you to keep a record of all your bird sightings. It is easy to use and is a useful source of information, either when it comes to sending your records to the county recorder, or if you just want to relive that special birding holiday.

There are 50 **Trip notes** sections starting from page 34. As well as keeping details of all the species recorded on a given trip, from page 134 there are also sections for you to make **additional notes** and **field sketches**.

There is also a complete checklist of British birds. Here, you can keep several lists of the various birds you have seen. Keeping lists is a very personal thing. Some you might want to consider are suggested below, along with abbreviations for *Your lists* in the boxes:

- **Life list** – everything you have ever seen – $\boxed{L}$
- **Year list** – everything seen in a calendar year – $\boxed{Y}$
- **Country list** – e.g. only birds seen in Scotland – $\boxed{S}$
- **County list** – e.g. everything seen in Norfolk – $\boxed{N}$
- **Holiday list** – $\boxed{H}$
- **Garden list** – $\boxed{G}$
- **Local patch list** – $\boxed{P}$
- **Reserve list** – $\boxed{R}$

On page 33, keep a running total of your lists. Use the boxes at the top of the page to indicate the list you are recording.

The information contained within the *Birder's Pocket Logbook* is correct as far as known by the publisher at the time of going to press. The author and publishers bear no responsibility for any action undertaken and shall not be liable for any loss, damage or injury suffered directly or indirectly in relation to birding, birdwatching or use of this *Birder's Pocket Logbook*.

The birdwatchers' code

Following the birdwatchers' code is good practice, common sense and should enable us all to enjoy seeing birds.

The code puts the interests of birds first and respects other people, whether or not they are interested in birds.

It applies not just when you are at a nature reserve, but whenever you are watching birds in the UK or abroad. It has been produced by the leading bird organisations, magazines and websites.

It will be most effective if we lead by example and sensitively challenge the minority of birdwatchers who behave inappropriately.

Five things to remember:

- avoid disturbing birds and their habitats – the birds' interests should always come first

- be an ambassador for birdwatching

- know the law and the rules for visiting the countryside, and follow them

- send your sightings to the County Bird Recorder and record them on www.birdtrack.net

- think about the interests of wildlife and local people before passing on news of a rare bird, especially during the breeding season.

Counting birds

It is a good idea to get into the habit of counting flocks of birds whenever you see them. If nothing else, your county recorder will love you when you submit your records!

While it is easy to count e.g. 18 Mistle Thrushes in a field, many people get completely lost when it comes to, say, a large flock of waders.

The first thing to realise is that you can never count a large flock exactly, but you can get a surprisingly accurate estimate. Here's how.

First, count off ten birds, and get a feel for what ten birds look like. Then, start counting the flock in groups of ten. For really big flocks, you may have to work out what 100 birds look like, and then count in hundreds. On rare occasions, e.g. Knot on the Wash, you might even have to go as high as thousands.

Flocks of waders flying past and birds on the ground are relatively easy to count in this manner. The hardest to estimate are skeins of geese flying over.

For counting migrating birds such as Swallows, or seabirds, take a fixed point – a lighthouse or fishing boat maybe. Count the number of your chosen species passing that point in three minutes. Multiply that figure by 20 and you will get a record of how many birds per hour are passing. That's the figure you should quote to the recorder.

Recommended bird books

There are two types of books that every birder should own. First is a field guide, aiding identification. The second is a 'where to watch' guide, which details the best places to see birds in a particular area. Here are a few recommendations.

Field guides

Birds of Britain and NW Europe (Kightley et al, Helm). Despite the title, it is best to treat this as a Britain-only guide. Clearly laid out with just one species per page.

The Collins Field Guide (Mullarney, Svensson et al, Collins). Universally acknowledged to be the best field guide in the world bar none, this book covers all the birds of Britain and Europe.

RSPB Handbook of British Birds (Holden and Cleeves, Helm). Part identification guide, part handbook with extra details on conservation, migration etc. Excellent value for money.

Recommended bird books – continued

Where to watch guides

Helm publishes a range of books covering all of Britain and Ireland. Buy either the general book, or, for the area where you live or plan to visit on holiday, the far more detailed regional accounts. The titles are:

Where to Watch Birds in:

    Britain (Harrap and Redman);

    Devon and Cornwall (Norman and Tucker);

    Dorset Hampshire and the Isle of Wight (Green and Cade);

    Kent, Surrey and Sussex (Taylor et al);

    London (Mitchell);

    Thames Valley and the Chilterns (Clews and Trodd);

    Somerset, Gloucestershire and Wiltshire (Hall and Govett);

    East Anglia (Clarke);

    West Midlands (Harrison and Sankey)

    East Midlands (Catley)

    Cumbria, Lancashire and Cheshire (Guest and Hutcheson)

    Yorkshire (Mather)

    Northeast England (Britton and Day)

    Wales (Saunders)

    Scotland (Madders)

    Ireland (Hutchinson)

Bird magazines

Birding World
Aimed at twitchers and expert birders. Free sample issue from Stonerunner, Coast Road, Cley next the Sea, Holt, Norfolk NR25 7RY.

Birds Illustrated
Concentrates on bird art, photography and travel. More information at www.birdsillustrated.com

Birdwatch
Aimed at intermediate and expert birders. Available from larger newsagents.

Bird Watching Magazine
Aimed largely at beginners and improvers. Widely available at newsagents.

British Birds
Aimed at the amateur ornithologist. More information at www.britishbirds.co.uk where you can request a free sample copy.

Websites

Bird Forum – www.birdforum.net
The best birding discussion site on the net. Thousands of members and totally monitored so there is none of the gratuitous abuse so prevalent in other discussion groups.

BTO – www.bto.org
The British Trust for Ornithology deals with bird surveys and ringing. Their new BirdTrack system allows you to enter your sightings and help compile animated migration maps.

Fatbirder – www.fatbirder.com
Links to thousands of birding websites around the world. An excellent starting place for any research.

RSPB – www.rspb.org.uk
Britain's largest conservation organisation, the Royal Society for the Protection of Birds has over one million members. Find out details about them and all their nature reserves here.

SOC – www.the-soc.zenwebhosting.com
The pages of the Scottish Ornithologists' Club cover everything to do with birding north of the border.

Wildlife Trusts – www.wildlifetrusts.org
The Wildlife Trusts manage all our local nature reserves. As well as plenty of general information, this site has links to all the various county trusts around Britain.

Phone Numbers

The British List

The list that follows contains species recorded in Britain. The list is maintained by the British Ornithologists' Union (www.bou.org.uk). They are the ultimate arbiters when it comes to adding new species and lumping or splitting old ones.

The categories that form The British List here are as follows:

- **A** Species that have been recorded in the wild since 1950
- **B** Species that have been recorded in the wild but not since 1949
- **C** Species that were introduced by man, but have now established sustainable breeding populations.

For recording purposes, only categories A, B and C form the official list. So you cannot count an escaped Budgerigar, or a feral Barnacle Goose living in your local park.

One of the problems with birds, is that by and large, they don't occur in just one country. Across the world, people call the same birds by different names. Sometimes this is a national thing. For example, while we say Slavonian Grebe, Americans know the same bird as Horned Grebe. Other times, colloquial names are used. Most birders refer to Great Skuas by their Shetland names – Bonxie. As more and more species get lumped and split by the taxonomists, so more new names are required.

Several people and governing bodies have attempted to introduce a unified set of names to be used worldwide. It is fair to say that these have only succeeded in annoying absolutely everybody. We have included some of the preferred names in square brackets.

More importantly, few of these names appear in field guides and we have taken the eminently sensible view that if you want to look a bird up in a book, it is no use calling it something that doesn't appear in the index. So, for the time being, we have stuck to the old, familiar names.

The British List

- [ ] *Your lists* _____ ☐☐☐☐
- [ ] **Mute Swan** *Cygnus olor* _____ ☐☐☐☐
- [ ] **Bewick's Swan [Tundra Swan]** _____ ☐☐☐☐
  Cygnus columbianus
- [ ] **Whooper Swan** *Cygnus cygnus* _____ ☐☐☐☐
- [ ] **Bean Goose** *Anser fabalis* _____ ☐☐☐☐
- [ ] **Pink-footed Goose** *Anser brachyrhynchus* ___ ☐☐☐☐
- [ ] **[Greater] White-fronted Goose** _____ ☐☐☐☐
  Anser albifrons
- [ ] **Lesser White-fronted Goose*** _____ ☐☐☐☐
  Anser erythropus
- [ ] **Greylag Goose** *Anser anser* _____ ☐☐☐☐
- [ ] **Snow Goose** *Anser caerulescens* _____ ☐☐☐☐
- [ ] **[Greater] Canada Goose** *Branta canadensis* _ ☐☐☐☐
- [ ] **Barnacle Goose** *Branta leucopsis* _____ ☐☐☐☐
- [ ] **Brent Goose** *Branta bernicla* _____ ☐☐☐☐
- [ ] **Red-breasted Goose*** *Branta ruficollis* _____ ☐☐☐☐
- [ ] **Egyptian Goose** *Alopochen aegyptiaca* _____ ☐☐☐☐
- [ ] **Ruddy Shelduck*** *Tadorna ferruginea* _____ ☐☐☐☐
- [ ] **[Common] Shelduck** *Tadorna tadorna* _____ ☐☐☐☐
- [ ] **Mandarin Duck** *Aix galericulata* _____ ☐☐☐☐
- [ ] **[Eurasian] Wigeon** *Anas penelope* _____ ☐☐☐☐
- [ ] **American Wigeon*** *Anas americana* _____ ☐☐☐☐
- [ ] **Gadwall** *Anas strepera* _____ ☐☐☐☐
- [ ] **[Eurasian] Teal** *Anas crecca* _____ ☐☐☐☐
- [ ] **Green-winged Teal** *Anas carolinensis* _____ ☐☐☐☐
- [ ] **Mallard** *Anas platyrhynchos* _____ ☐☐☐☐
- [ ] **[American] Black Duck*** *Anas rubripes* _____ ☐☐☐☐
- [ ] **[Northern] Pintail** *Anas acuta* _____ ☐☐☐☐
- [ ] **Garganey** *Anas querquedula* _____ ☐☐☐☐
- [ ] **Blue-winged Teal*** *Anas discors* _____ ☐☐☐☐

- [ ] *Your lists* _____
- [ ] **[Northern] Shoveler** *Anas clypeata* _____
- [ ] **Red-crested Pochard** *Netta rufina* _____
- [ ] **[Common] Pochard** *Aythya ferina* _____
- [ ] **Redhead*** *Aythya americana* _____
- [ ] **Canvasback*** *Aythya valisineria* _____
- [ ] **Ring-necked Duck** *Aythya collaris* _____
- [ ] **Ferruginous Duck*** *Aythya nyroca* _____
- [ ] **Tufted Duck** *Aythya fuligula* _____
- [ ] **[Greater] Scaup** *Aythya marila* _____
- [ ] **Lesser Scaup*** *Aythya affinis* _____
- [ ] **[Common] Eider** *Somateria mollissima* _____
- [ ] **King Eider*** *Somateria spectabilis* _____
- [ ] **Steller's Eider*** *Polysticta stelleri* _____
- [ ] **Harlequin Duck*** *Histrionicus histrionicus* ___
- [ ] **Long-tailed Duck** *Clangula hyemalis* _____
- [ ] **Common Scoter** *Melanitta nigra* _____
- [ ] **Black Scoter*** *Melanitta americana* _____
- [ ] **Surf Scoter** *Melanitta perspicillata* _____
- [ ] **Velvet Scoter** *Melanitta fusca* _____
- [ ] **Bufflehead*** *Bucephala albeola* _____
- [ ] **Barrow's Goldeneye*** *Bucephala islandica* __
- [ ] **[Common] Goldeneye** *Bucephala clangula* __
- [ ] **Smew** *Mergellus albellus* _____
- [ ] **Red-breasted Merganser** *Mergus serrator* __
- [ ] **Goosander** *Mergus merganser* _____
- [ ] **Ruddy Duck** *Oxyura jamaicensis* _____
- [ ] **Red Grouse [Willow Ptarmigan]** _____
  Lagopus lagopus
- [ ] **[Rock] Ptarmigan** *Lagopus muta* _____
- [ ] **Black Grouse** *Tetrao tetrix* _____
- [ ] **[Western] Capercaillie** *Tetrao urogallus* ___
- [ ] **Red-legged Partridge** *Alectoris rufa* _____

- ☐ *Your lists* _____ ☐☐☐☐
- ☐ **Grey Partridge** *Perdix perdix* _____ ☐☐☐☐
- ☐ **[Common] Quail** *Coturnix coturnix* _____ ☐☐☐☐
- ☐ **[Common] Pheasant** *Phasianus colchicus* ___ ☐☐☐☐
- ☐ **Golden Pheasant** *Chrysolophus pictus* _____ ☐☐☐☐
- ☐ **Lady Amherst's Pheasant** _____ ☐☐☐☐
  Chrysolophus amherstiae
- ☐ **Red-throated Diver** *Gavia stellata* _____ ☐☐☐☐
- ☐ **Black-throated Diver** *Gavia arctica* _____ ☐☐☐☐
- ☐ **Great Northern Diver** *Gavia immer* _____ ☐☐☐☐
- ☐ **Yellow-billed Diver*** *Gavia adamsii* _____ ☐☐☐☐
- ☐ **Pied-billed Grebe*** *Podilymbus podiceps* ____ ☐☐☐☐
- ☐ **Little Grebe** *Tachybaptus ruficollis* _____ ☐☐☐☐
- ☐ **Great Crested Grebe** *Podiceps cristatus* ____ ☐☐☐☐
- ☐ **Red-necked Grebe** *Podiceps grisegena* ____ ☐☐☐☐
- ☐ **Slavonian Grebe** *Podiceps auritus* _____ ☐☐☐☐
- ☐ **Black-necked Grebe** *Podiceps nigricollis* ____ ☐☐☐☐
- ☐ **Black-browed Albatross*** _____ ☐☐☐☐
  Thalassarche melanophris
- ☐ **[Northern] Fulmar** *Fulmarus glacialis* _____ ☐☐☐☐
- ☐ **Fea's Petrel*** *Pterodroma feae* _____ ☐☐☐☐
- ☐ **Capped Petrel*** *Pterodroma hasitata* _____ ☐☐☐☐
- ☐ **Cory's Shearwater** *Calonectris diomedea* ___ ☐☐☐☐
- ☐ **Great Shearwater** *Puffinus gravis* _____ ☐☐☐☐
- ☐ **Sooty Shearwater** *Puffinus griseus* _____ ☐☐☐☐
- ☐ **Manx Shearwater** *Puffinus puffinus* _____ ☐☐☐☐
- ☐ **Balearic Shearwater** *Puffinus mauretanicus* _ ☐☐☐☐
- ☐ **Macaronesian Shearwater*** *Puffinus baroli* _ ☐☐☐☐
- ☐ **Wilson's Storm-petrel*** *Oceanites oceanicus* _ ☐☐☐☐
- ☐ **White-faced Storm-petrel*** _____ ☐☐☐☐
  Pelagodroma marina
- ☐ **[European] Storm-petrel** *Hydrobates pelagicus* ☐☐☐☐
- ☐ **Leach's Storm-petrel** _____ ☐☐☐☐
  Oceanodroma leucorhoa

- ☐ *Your lists* _____ ☐☐☐☐
- ☐ **Swinhoe's Storm-petrel*** _____ ☐☐☐☐
  Oceanodroma monorhis
- ☐ **Madeiran Storm-petrel*** *Oceanodroma castro* ☐☐☐☐
- ☐ **Red-billed Tropicbird*** *Phaethon aethereus* __ ☐☐☐☐
- ☐ **[Northern] Gannet** *Morus bassanus* _____ ☐☐☐☐
- ☐ **[Great] Cormorant** *Phalacrocorax carbo* ____ ☐☐☐☐
- ☐ **Double-crested Cormorant*** _____ ☐☐☐☐
  Phalacrocorax auritus
- ☐ **[European] Shag** *Phalacrocorax aristotelis* ___ ☐☐☐☐
- ☐ **Ascension Frigatebird*** *Fregata aquila* _____ ☐☐☐☐
- ☐ **[Great] Bittern** *Botaurus stellaris* _____ ☐☐☐☐
- ☐ **American Bittern*** *Botaurus lentiginosus* ___ ☐☐☐☐
- ☐ **Little Bittern*** *Ixobrychus minutus* _____ ☐☐☐☐
- ☐ **Black-crowned Night Heron** _____ ☐☐☐☐
  Nycticorax nycticorax
- ☐ **Green Heron*** *Butorides virescens* _____ ☐☐☐☐
- ☐ **Squacco Heron*** *Ardeola ralloides* _____ ☐☐☐☐
- ☐ **Cattle Egret*** *Bubulcus ibis* _____ ☐☐☐☐
- ☐ **Little Egret** *Egretta garzetta* _____ ☐☐☐☐
- ☐ **Snowy Egret*** *Egretta thula* _____ ☐☐☐☐
- ☐ **Great Egret*** *Ardea alba* _____ ☐☐☐☐
- ☐ **Grey Heron** *Ardea cinerea* _____ ☐☐☐☐
- ☐ **Purple Heron** *Ardea purpurea* _____ ☐☐☐☐
- ☐ **Black Stork*** *Ciconia nigra* _____ ☐☐☐☐
- ☐ **White Stork** *Ciconia ciconia* _____ ☐☐☐☐
- ☐ **Glossy Ibis*** *Plegadis falcinellus* _____ ☐☐☐☐
- ☐ **[Eurasian] Spoonbill** *Platalea leucorodia* ____ ☐☐☐☐
- ☐ **European Honey-buzzard** *Pernis apivorus* ___ ☐☐☐☐
- ☐ **Black Kite*** *Milvus migrans* _____ ☐☐☐☐
- ☐ **Red Kite** *Milvus milvus* _____ ☐☐☐☐
- ☐ **White-tailed Eagle*** *Haliaeetus albicilla* _____ ☐☐☐☐
- ☐ **Egyptian Vulture*** *Neophron percnopterus* __ ☐☐☐☐

- [ ] *Your lists* _____
- [ ] **Short-toed Eagle*** *Circaetus gallicus* _____
- [ ] **[Eurasian] Marsh Harrier** *Circus aeruginosus* _
- [ ] **Hen Harrier** *Circus cyaneus* _____
- [ ] **Pallid Harrier*** *Circus macrourus* _____
- [ ] **Montagu's Harrier** *Circus pygargus* _____
- [ ] **[Northern] Goshawk** *Accipiter gentilis* _____
- [ ] **[Eurasian] Sparrowhawk** *Accipiter nisus* _____
- [ ] **Common Buzzard** *Buteo buteo* _____
- [ ] **Rough-legged Buzzard** *Buteo lagopus* _____
- [ ] **[Greater] Spotted Eagle*** *Aquila clanga* _____
- [ ] **Golden Eagle** *Aquila chrysaetos* _____
- [ ] **Osprey** *Pandion haliaetus* _____
- [ ] **Lesser Kestrel*** *Falco naumanni* _____
- [ ] **[Common] Kestrel** *Falco tinnunculus* _____
- [ ] **American Kestrel*** *Falco sparverius* _____
- [ ] **Red-footed Falcon*** *Falco vespertinus* _____
- [ ] **Merlin** *Falco columbarius* _____
- [ ] **[Eurasian] Hobby** *Falco subbuteo* _____
- [ ] **Eleonora's Falcon*** *Falco eleonorae* _____
- [ ] **Gyr Falcon*** *Falco rusticolus* _____
- [ ] **Peregrine Falcon** *Falco peregrinus* _____
- [ ] **Water Rail** *Rallus aquaticus* _____
- [ ] **Spotted Crake** *Porzana porzana* _____
- [ ] **Sora*** *Porzana carolina* _____
- [ ] **Little Crake*** *Porzana parva* _____
- [ ] **Baillon's Crake*** *Porzana pusilla* _____
- [ ] **Corn Crake** *Crex crex* _____
- [ ] **[Common] Moorhen** *Gallinula chloropus* _____
- [ ] **Allen's Gallinule*** *Porphyrula alleni* _____
- [ ] **[American] Purple Gallinule*** _____
  Porphyrula martinica
- [ ] **[Common] Coot** *Fulica atra* _____

- [ ] *Your lists* _____
- [ ] **American Coot*** *Fulica americana* _____
- [ ] **[Common] Crane** *Grus grus*
- [ ] **Sandhill Crane*** *Grus canadensis* _____
- [ ] **Little Bustard*** *Tetrax tetrax*
- [ ] **Macqueen's Bustard*** *Chlamydotis macqueenii*
- [ ] **Great Bustard*** *Otis tarda*
- [ ] **[Eurasian] Oystercatcher** _____
      Haematopus ostralegus
- [ ] **Black-winged Stilt*** *Himantopus himantopus*
- [ ] **[Pied] Avocet** *Recurvirostra avosetta* _____
- [ ] **Stone-curlew** *Burhinus oedicnemus* _____
- [ ] **Cream-coloured Courser*** *Cursorius cursor* __
- [ ] **Collared Pratincole*** *Glareola pratincola* _____
- [ ] **Oriental Pratincole*** *Glareola maldivarum* __
- [ ] **Black-winged Pratincole*** *Glareola nordmanni*
- [ ] **Little Plover** *Charadrius dubius* _____
- [ ] **Ringed Plover** *Charadrius hiaticula* _____
- [ ] **Semipalmated Plover*** _____
      Charadrius semipalmatus
- [ ] **Killdeer*** *Charadrius vociferus* _____
- [ ] **Kentish Plover** *Charadrius alexandrinus* _____
- [ ] **Lesser Sand Plover*** *Charadrius mongolus* __
- [ ] **Greater Sand Plover*** *Charadrius leschenaultii*
- [ ] **Caspian Plover*** *Charadrius asiaticus* _____
- [ ] **[Eurasian] Dotterel** *Charadrius morinellus* ___
- [ ] **American Golden Plover*** *Pluvialis dominica*
- [ ] **Pacific Golden Plover*** *Pluvialis fulva* _____
- [ ] **[European] Golden Plover** *Pluvialis apricaria* _
- [ ] **Grey Plover** *Pluvialis squatarola* _____
- [ ] **Sociable Lapwing*** *Vanellus gregarius* _____
- [ ] **White-tailed Lapwing*** *Vanellus leucurus* _____
- [ ] **[Northern] Lapwing** *Vanellus vanellus* _____

- [ ] *Your lists* _____ ☐☐☐☐
- [ ] **Great Knot*** *Calidris tenuirostris* _____ ☐☐☐☐
- [ ] **[Red] Knot** *Calidris canutus* _____ ☐☐☐☐
- [ ] **Sanderling** *Calidris alba* _____ ☐☐☐☐
- [ ] **Semipalmated Sandpiper*** *Calidris pusilla* __ ☐☐☐☐
- [ ] **Western Sandpiper*** *Calidris mauri* _____ ☐☐☐☐
- [ ] **Red-necked Stint*** *Calidris ruficollis* _____ ☐☐☐☐
- [ ] **Little Stint** *Calidris minuta* _____ ☐☐☐☐
- [ ] **Temminck's Stint** *Calidris temminckii* _____ ☐☐☐☐
- [ ] **Long-toed Stint*** *Calidris subminuta* _____ ☐☐☐☐
- [ ] **Least Sandpiper*** *Calidris minutilla* _____ ☐☐☐☐
- [ ] **White-rumped Sandpiper*** *Calidris fuscicollis* ☐☐☐☐
- [ ] **Baird's Sandpiper*** *Calidris bairdii* _____ ☐☐☐☐
- [ ] **Pectoral Sandpiper** *Calidris melanotos* _____ ☐☐☐☐
- [ ] **Sharp-tailed Sandpiper*** *Calidris acuminata* _ ☐☐☐☐
- [ ] **Curlew Sandpiper** *Calidris ferruginea* _____ ☐☐☐☐
- [ ] **Stilt Sandpiper*** *Calidris himantopus* _____ ☐☐☐☐
- [ ] **Purple Sandpiper** *Calidris maritima* _____ ☐☐☐☐
- [ ] **Dunlin** *Calidris alpina* _____ ☐☐☐☐
- [ ] **Broad-billed Sandpiper*** *Limicola falcinellus* ☐☐☐☐
- [ ] **Buff-breasted Sandpiper** *Tryngites subruficollis* ☐☐☐☐
- [ ] **Ruff** *Philomachus pugnax* _____ ☐☐☐☐
- [ ] **Jack Snipe** *Lymnocryptes minimus* _____ ☐☐☐☐
- [ ] **[Common] Snipe** *Gallinago gallinago* _____ ☐☐☐☐
- [ ] **Great Snipe*** *Gallinago media* _____ ☐☐☐☐
- [ ] **Short-billed Dowitcher*** *Limnodromus griseus* ☐☐☐☐
- [ ] **Long-billed Dowitcher*** _____ ☐☐☐☐
  Limnodromus scolopaceus
- [ ] **[Eurasian] Woodcock** *Scolopax rusticola* _____ ☐☐☐☐
- [ ] **Black-tailed Godwit** *Limosa limosa* _____ ☐☐☐☐
- [ ] **Hudsonian Godwit*** *Limosa haemastica* _____ ☐☐☐☐
- [ ] **Bar-tailed Godwit** *Limosa lapponica* _____ ☐☐☐☐
- [ ] **Little Curlew*** *Numenius minutus* _____ ☐☐☐☐

- [ ] *Your lists* _____
- [ ] **Eskimo Curlew*** *Numenius borealis* _____
- [ ] **Whimbrel** *Numenius phaeopus* _____
- [ ] **Slender-billed Curlew*** *Numenius tenuirostris*
- [ ] **[Eurasian] Curlew** *Numenius arquata* _____
- [ ] **Upland Sandpiper*** *Bartramia longicauda* __
- [ ] **Spotted Redshank** *Tringa erythropus* _____
- [ ] **[Common] Redshank** *Tringa totanus* _____
- [ ] **Marsh Sandpiper*** *Tringa stagnatilis* _____
- [ ] **[Common] Greenshank** *Tringa nebularia* ___
- [ ] **Greater Yellowlegs*** *Tringa melanoleuca* ___
- [ ] **Lesser Yellowlegs*** *Tringa flavipes* _____
- [ ] **Solitary Sandpiper*** *Tringa solitaria* _____
- [ ] **Green Sandpiper** *Tringa ochropus* _____
- [ ] **Wood Sandpiper** *Tringa glareola* _____
- [ ] **Terek Sandpiper*** *Xenus cinereus* _____
- [ ] **Common Sandpiper** *Actitis hypoleucos* _____
- [ ] **Spotted Sandpiper*** *Actitis macularius* _____
- [ ] **Grey-tailed Tattler*** *Heteroscelus brevipes* __
- [ ] **[Ruddy] Turnstone** *Arenaria interpres* _____
- [ ] **Wilson's Phalarope*** *Phalaropus tricolor* _____
- [ ] **Red-necked Phalarope** *Phalaropus lobatus* __
- [ ] **Grey Phalarope** *Phalaropus fulicarius* _____
- [ ] **Pomarine Skua** *Stercorarius pomarinus* _____
- [ ] **Arctic Skua** *Stercorarius parasiticus* _____
- [ ] **Long-tailed Skua** *Stercorarius longicaudus* _
- [ ] **Great Skua** *Stercorarius skua* _____
- [ ] **Pallas's Gull*** *Larus ichthyaetus* _____
- [ ] **Mediterranean Gull** *Larus melanocephalus* __
- [ ] **Laughing Gull*** *Larus atricilla* _____
- [ ] **Franklin's Gull*** *Larus pipixcan* _____
- [ ] **Little Gull** *Larus minutus* _____
- [ ] **Sabine's Gull** *Larus sabini* _____

- [ ] *Your lists* _____
- [ ] **Bonaparte's Gull*** *Larus philadelphia* _____
- [ ] **Black-headed Gull** *Larus ridibundus* _____
- [ ] **Slender-billed Gull*** *Larus genei* _____
- [ ] **Audouin's Gull*** *Larus audouinii* _____
- [ ] **Ring-billed Gull** *Larus delawarensis* _____
- [ ] **Mew Gull** *Larus canus* _____
- [ ] **Lesser Black-backed Gull** *Larus fuscus* _____
- [ ] **Yellow-legged Gull** *Larus michahellis* _____
- [ ] **Herring Gull** *Larus argentatus* _____
- [ ] **Iceland Gull** *Larus glaucoides* _____
- [ ] **Glaucous Gull** *Larus hyperboreus* _____
- [ ] **Great Black-backed Gull** *Larus marinus* _____
- [ ] **Ross's Gull*** *Rhodostethia rosea* _____
- [ ] **[Black-legged] Kittiwake** *Rissa tridactyla* ___
- [ ] **Ivory Gull*** *Pagophila eburnea* _____
- [ ] **Aleutian Tern*** *Onychoprion aleutica* _____
- [ ] **Sooty Tern*** *Onychoprion fuscata* _____
- [ ] **Bridled Tern*** *Onychoprion anaethetus* _____
- [ ] **Little Tern** *Sternula albifrons* _____
- [ ] **Gull-billed Tern*** *Gelochelidon nilotica* _____
- [ ] **Caspian Tern*** *Hydroprogne caspia* _____
- [ ] **Whiskered Tern*** *Chlidonias hybrida* _____
- [ ] **Black Tern** *Chlidonias niger* _____
- [ ] **White-winged Tern*** *Chlidonias leucopterus* _
- [ ] **Sandwich Tern** *Sterna sandvicensis* _____
- [ ] **Royal Tern*** *Sterna maxima* _____
- [ ] **Lesser Crested Tern*** *Sterna bengalensis* _____
- [ ] **Forster's Tern*** *Sterna forsteri* _____
- [ ] **Common Tern** *Sterna hirundo* _____
- [ ] **Roseate Tern** *Sterna dougallii* _____
- [ ] **Arctic Tern** *Sterna paradisaea* _____
- [ ] **[Common] Guillemot** *Uria aalge* _____

- ☐ *Your lists* _____ ☐☐☐☐
- ☐ **Brünnich's Guillemot*** *Uria lomvia* _____ ☐☐☐☐
- ☐ **Razorbill** *Alca torda* _____ ☐☐☐☐
- ☐ **Black Guillemot** *Cepphus grylle* _____ ☐☐☐☐
- ☐ **Ancient Murrelet*** *Synthliboramphus antiquus* ☐☐☐☐
- ☐ **Little Auk** *Alle alle* _____ ☐☐☐☐
- ☐ **[Atlantic] Puffin** *Fratercula arctica* _____ ☐☐☐☐
- ☐ **Pallas's Sandgrouse*** *Syrrhaptes paradoxus* _ ☐☐☐☐
- ☐ **Rock Dove [Pigeon]** *Columba livia* _____ ☐☐☐☐
- ☐ **Stock Pigeon** *Columba oenas* _____ ☐☐☐☐
- ☐ **[Common] Wood Pigeon** *Columba palumbus* ☐☐☐☐
- ☐ **[Eurasian] Collared Dove** *Streptopelia decaocto* ☐☐☐☐
- ☐ **[European] Turtle Dove** *Streptopelia turtur* _ ☐☐☐☐
- ☐ **Oriental Turtle Dove*** *Streptopelia orientalis* ☐☐☐☐
- ☐ **Mourning Dove*** *Zenaida macroura* _____ ☐☐☐☐
- ☐ **Rose-ringed Parakeet** *Psittacula krameri* ____ ☐☐☐☐
- ☐ **Great Spotted Cuckoo*** *Clamator glandarius* ☐☐☐☐
- ☐ **[Common] Cuckoo** *Cuculus canorus* _____ ☐☐☐☐
- ☐ **Black-billed Cuckoo*** _____ ☐☐☐☐
   Coccyzus erythrophthalmus
- ☐ **Yellow-billed Cuckoo*** *Coccyzus americanus* _ ☐☐☐☐
- ☐ **Barn Owl** *Tyto alba* _____ ☐☐☐☐
- ☐ **[Eurasian] Scops Owl*** *Otus scops* _____ ☐☐☐☐
- ☐ **Snowy Owl*** *Bubo scandiaca* _____ ☐☐☐☐
- ☐ **[Northern] Hawk Owl*** *Surnia ulula* _____ ☐☐☐☐
- ☐ **Little Owl** *Athene noctua* _____ ☐☐☐☐
- ☐ **Tawny Owl** *Strix aluco* _____ ☐☐☐☐
- ☐ **Long-eared Owl** *Asio otus* _____ ☐☐☐☐
- ☐ **Short-eared Owl** *Asio flammeus* _____ ☐☐☐☐
- ☐ **Tengmalm's Owl*** *Aegolius funereus* _____ ☐☐☐☐
- ☐ **[European] Nightjar** *Caprimulgus europaeus* ☐☐☐☐
- ☐ **Red-necked Nightjar*** *Caprimulgus ruficollis* ☐☐☐☐
- ☐ **Egyptian Nightjar*** *Caprimulgus aegyptius* _ ☐☐☐☐

- ☐ *Your lists* _____ ☐☐☐☐
- ☐ **Common Nighthawk*** *Chordeiles minor* ____ ☐☐☐☐
- ☐ **Chimney Swift*** *Chaetura pelagica* _____ ☐☐☐☐
- ☐ **White-throated Needletail*** _____ ☐☐☐☐
  Hirundapus caudacutus
- ☐ **[Common] Swift** *Apus apus* _____ ☐☐☐☐
- ☐ **Pallid Swift*** *Apus pallidus* _____ ☐☐☐☐
- ☐ **Pacific Swift*** *Apus pacificus* _____ ☐☐☐☐
- ☐ **Alpine Swift*** *Apus melba* _____ ☐☐☐☐
- ☐ **Little Swift*** *Apus affinis* _____ ☐☐☐☐
- ☐ **[Common] Kingfisher** *Alcedo atthis* _____ ☐☐☐☐
- ☐ **Belted Kingfisher*** *Ceryle alcyon* _____ ☐☐☐☐
- ☐ **Blue-cheeked Bee-eater*** *Merops persicus* __ ☐☐☐☐
- ☐ **European Bee-eater** *Merops apiaster* _____ ☐☐☐☐
- ☐ **European Roller*** *Coracias garrulus* _____ ☐☐☐☐
- ☐ **Hoopoe** *Upupa epops* _____ ☐☐☐☐
- ☐ **[Eurasian] Wryneck** *Jynx torquilla* _____ ☐☐☐☐
- ☐ **Green Woodpecker** *Picus viridis* _____ ☐☐☐☐
- ☐ **Yellow-bellied Sapsucker*** *Sphyrapicus varius* ☐☐☐☐
- ☐ **Great Spotted Woodpecker** _____ ☐☐☐☐
  Dendrocopos major
- ☐ **Lesser Spotted Woodpecker** _____ ☐☐☐☐
  Dendrocopos minor
- ☐ **Eastern Phoebe*** *Sayornis phoebe* _____ ☐☐☐☐
- ☐ **Calandra Lark*** *Melanocorypha calandra* ___ ☐☐☐☐
- ☐ **Bimaculated Lark*** *Melanocorypha bimaculata* ☐☐☐☐
- ☐ **Black Lark*** *Melanocorypha yeltoniensis* ____ ☐☐☐☐
- ☐ **White-winged Lark*** _____ ☐☐☐☐
  Melanocorypha leucoptera
- ☐ **[Greater] Short-toed Lark** _____ ☐☐☐☐
  Calandrella brachydactyla
- ☐ **Lesser Short-toed Lark*** *Calandrella rufescens* ☐☐☐☐
- ☐ **Crested Lark*** *Galerida cristata* _____ ☐☐☐☐
- ☐ **Wood Lark** *Lullula arborea* _____ ☐☐☐☐

- [ ] **Your lists** _____
- [ ] **Sky Lark** *Alauda arvensis* _____
- [ ] **Shore Lark [Horned Lark]** *Eremophila alpestris*
- [ ] **Sand Martin** *Riparia riparia* _____
- [ ] **Tree Swallow*** *Tachycineta bicolor* _____
- [ ] **Purple Martin*** *Progne subis* _____
- [ ] **[Eurasian] Crag Martin*** _____
  Ptyonoprogne rupestris
- [ ] **[Barn] Swallow** *Hirundo rustica* _____
- [ ] **House Martin** *Delichon urbicum* _____
- [ ] **Red-rumped Swallow*** *Cecropis daurica* _____
- [ ] **Cliff Swallow*** *Petrochelidon pyrrhonota* _____
- [ ] **Richard's Pipit** *Anthus richardii* _____
- [ ] **Blyth's Pipit*** *Anthus godlewskii* _____
- [ ] **Tawny Pipit** *Anthus campestris* _____
- [ ] **Olive-backed Pipit*** *Anthus hodgsoni* _____
- [ ] **Tree Pipit** *Anthus trivialis* _____
- [ ] **Pechora Pipit*** *Anthus gustavi* _____
- [ ] **Meadow Pipit** *Anthus pratensis* _____
- [ ] **Red-throated Pipit*** *Anthus cervinus* _____
- [ ] **Rock Pipit** *Anthus petrosus* _____
- [ ] **Water Pipit** *Anthus spinoletta* _____
- [ ] **Buff-bellied Pipit*** *Anthus rubescens* _____
- [ ] **Yellow Wagtail** *Motacilla flava* _____
- [ ] **Citrine Wagtail*** *Motacilla citreola* _____
- [ ] **Grey Wagtail** *Motacilla cinerea* _____
- [ ] **White/Pied Wagtail** *Motacilla alba* _____
- [ ] **Cedar Waxwing*** *Bombycilla cedrorum* _____
- [ ] **[Bohemian] Waxwing** *Bombycilla garrulus* _____
- [ ] **[White-throated] Dipper** *Cinclus cinclus* _____
- [ ] **[Winter] Wren** *Troglodytes troglodytes* _____
- [ ] **Northern Mockingbird*** *Mimus polyglottos* _____
- [ ] **Brown Thrasher*** *Toxostoma rufum* _____

- [ ] *Your lists* _____
- [ ] **[Gray] Catbird*** *Dumetella carolinensis* _____
- [ ] **Dunnock [Hedge Accentor]** *Prunella modularis*
- [ ] **Alpine Accentor*** *Prunella collaris* _____
- [ ] **Rufous-tailed Scrub Robin*** _____
      Cercotrichas galactotes
- [ ] **[European] Robin** *Erithacus rubecula* _____
- [ ] **Rufous-tailed Robin*** *Luscinia sibilans* _____
- [ ] **Thrush Nightingale*** *Luscinia luscinia* _____
- [ ] **[Common] Nightingale** *Luscinia megarhynchos*
- [ ] **Siberian Rubythroat*** *Luscinia calliope* _____
- [ ] **Bluethroat** *Luscinia svecica* _____
- [ ] **Siberian Blue Robin*** *Luscinia cyane* _____
- [ ] **Red-flanked Bluetail*** *Tarsiger cyanurus* ____
- [ ] **White-throated Robin*** *Irania gutturalis* ____
- [ ] **Black Redstart** *Phoenicurus ochruros* _____
- [ ] **[Common] Redstart** *Phoenicurus phoenicurus*
- [ ] **Moussier's Redstart*** *Phoenicurus moussieri* _
- [ ] **Whinchat** *Saxicola rubetra* _____
- [ ] **Stonechat** *Saxicola torquatus* _____
- [ ] **Isabelline Wheatear*** *Oenanthe isabellina* __
- [ ] **[Northern] Wheatear** *Oenanthe oenanthe* __
- [ ] **Pied Wheatear*** *Oenanthe pleschanka* _____
- [ ] **Black-eared Wheatear*** *Oenanthe hispanica*
- [ ] **Desert Wheatear*** *Oenanthe deserti* _____
- [ ] **White-tailed Wheatear*** *Oenanthe leucopyga*
- [ ] **Rufous-tailed Rock Thrush*** *Monticola saxatilis*
- [ ] **Blue Rock Thrush*** *Monticola solitarius* _____
- [ ] **White's Thrush*** *Zoothera dauma* _____
- [ ] **Siberian Thrush*** *Zoothera sibirica* _____
- [ ] **Varied Thrush*** *Zoothera naevia* _____
- [ ] **Wood Thrush*** *Hylocichla mustelina* _____
- [ ] **Hermit Thrush*** *Catharus guttatus* _____

☐ *Your lists*	☐☐☐☐
☐ **Swainson's Thrush*** *Catharus ustulatus*	☐☐☐☐
☐ **Grey-cheeked Thrush*** *Catharus minimus*	☐☐☐☐
☐ **Veery*** *Catharus fuscescens*	☐☐☐☐
☐ **Ring Ouzel** *Turdus torquatus*	☐☐☐☐
☐ **[Common] Blackbird** *Turdus merula*	☐☐☐☐
☐ **Eyebrowed Thrush*** *Turdus obscurus*	☐☐☐☐
☐ **Dusky Thrush*** *Turdus naumanni*	☐☐☐☐
☐ **Dark-throated Thrush*** *Turdus ruficollis*	☐☐☐☐
☐ **Fieldfare** *Turdus pilaris*	☐☐☐☐
☐ **Song Thrush** *Turdus philomelos*	☐☐☐☐
☐ **Redwing** *Turdus iliacus*	☐☐☐☐
☐ **Mistle Thrush** *Turdus viscivorus*	☐☐☐☐
☐ **American Robin*** *Turdus migratorius*	☐☐☐☐
☐ **Cetti's Warbler** *Cettia cetti*	☐☐☐☐
☐ **Zitting Cisticola*** *Cisticola juncidis*	☐☐☐☐
☐ **Pallas's Grasshopper Warbler*** *Locustella certhiola*	☐☐☐☐
☐ **Lanceolated Warbler*** *Locustella lanceolata*	☐☐☐☐
☐ **[Common] Grasshopper Warbler** *Locustella naevia*	☐☐☐☐
☐ **River Warbler*** *Locustella fluviatilis*	☐☐☐☐
☐ **Savi's Warbler*** *Locustella luscinioides*	☐☐☐☐
☐ **Moustached Warbler*** *Acrocephalus melanopogon*	☐☐☐☐
☐ **Aquatic Warbler** *Acrocephalus paludicola*	☐☐☐☐
☐ **Sedge Warbler** *Acrocephalus schoenobaenus*	☐☐☐☐
☐ **Paddyfield Warbler*** *Acrocephalus agricola*	☐☐☐☐
☐ **Blyth's Reed Warbler*** *Acrocephalus dumetorum*	☐☐☐☐
☐ **Marsh Warbler** *Acrocephalus palustris*	☐☐☐☐
☐ **[Eurasian] Reed Warbler** *Acrocephalus scirpaceus*	☐☐☐☐
☐ **Great Reed Warbler*** *Acrocephalus arundinaceus*	☐☐☐☐

- [ ] *Your lists* _____
- [ ] **Thick-billed Warbler*** *Acrocephalus aedon* __
- [ ] **Eastern Olivaceous Warbler*** *Hippolais pallida*
- [ ] **Booted Warbler*** *Hippolais caligata* _____
- [ ] **Sykes's Warbler*** *Hippolais rama* _____
- [ ] **Icterine Warbler** *Hippolais icterina* _____
- [ ] **Melodious Warbler** *Hippolais polyglotta* ___
- [ ] **Blackcap** *Sylvia atricapilla* _____
- [ ] **Garden Warbler** *Sylvia borin* _____
- [ ] **Barred Warbler** *Sylvia nisoria* _____
- [ ] **Lesser Whitethroat** *Sylvia curruca* _____
- [ ] **Orphean Warbler*** *Sylvia hortensis* _____
- [ ] **Asian Desert Warbler*** *Sylvia nana* _____
- [ ] **Common Whitethroat** *Sylvia communis* _____
- [ ] **Spectacled Warbler*** *Sylvia conspicillata* ___
- [ ] **Dartford Warbler** *Sylvia undata* _____
- [ ] **Marmora's Warbler*** *Sylvia sarda* _____
- [ ] **Rüppell's Warbler*** *Sylvia rueppelli* _____
- [ ] **Subalpine Warbler*** *Sylvia cantillans* _____
- [ ] **Sardinian Warbler*** *Sylvia melanocephala* __
- [ ] **Greenish Warbler*** *Phylloscopus trochiloides*
- [ ] **Arctic Warbler*** *Phylloscopus borealis* _____
- [ ] **Pallas's Leaf Warbler** *Phylloscopus proregulus*
- [ ] **Yellow-browed Warbler** *Phylloscopus inornatus*
- [ ] **Hume's Leaf Warbler*** *Phylloscopus humei* __
- [ ] **Radde's Warbler*** *Phylloscopus schwarzi* ___
- [ ] **Dusky Warbler*** *Phylloscopus fuscatus* _____
- [ ] **Western Bonelli's Warbler*** *Phylloscopus bonell*
- [ ] **Eastern Bonelli's Warbler*** _____
  Phylloscopus orientalis
- [ ] **Wood Warbler** *Phylloscopus sibilatrix* _____
- [ ] **[Common] Chiffchaff** *Phylloscopus collybita* _
- [ ] **Iberian Chiffchaff*** *Phylloscopus ibericus* ___

☐ *Your lists* _____	☐☐☐☐
☐ **Willow Warbler** *Phylloscopus trochilus* _____	☐☐☐☐
☐ **Goldcrest** *Regulus regulus* _____	☐☐☐☐
☐ **Firecrest** *Regulus ignicapilla* _____	☐☐☐☐
☐ **Spotted Flycatcher** *Muscicapa striata* _____	☐☐☐☐
☐ **Red-breasted Flycatcher** *Ficedula parva* ___	☐☐☐☐
☐ **Taiga Flycatcher*** *Ficedula albicilla* _____	☐☐☐☐
☐ **Collared Flycatcher*** *Ficedula albicollis* ___	☐☐☐☐
☐ **Pied Flycatcher** *Ficedula hypoleuca* _____	☐☐☐☐
☐ **Bearded Tit** *Panurus biarmicus* _____	☐☐☐☐
☐ **Long-tailed Tit** *Aegithalos caudatus* _____	☐☐☐☐
☐ **Blue Tit** *Cyanistes caeruleus* _____	☐☐☐☐
☐ **Great Tit** *Parus major* _____	☐☐☐☐
☐ **Crested Tit** *Lophophanes cristatus* _____	☐☐☐☐
☐ **Coal Tit** *Periparus ater* _____	☐☐☐☐
☐ **Willow Tit** *Poecile montanus* _____	☐☐☐☐
☐ **Marsh Tit** *Poecile palustris* _____	☐☐☐☐
☐ **Red-breasted Nuthatch*** *Sitta canadensis* ___	☐☐☐☐
☐ **[Eurasian] Nuthatch** *Sitta europaea* _____	☐☐☐☐
☐ **Wallcreeper*** *Tichodroma muraria* _____	☐☐☐☐
☐ **[Common] Treecreeper** *Certhia familiaris* ___	☐☐☐☐
☐ **Short-toed Treecreeper*** *Certhia brachydactyla*	☐☐☐☐
☐ **[Eurasian] Penduline Tit*** *Remiz pendulinus* _	☐☐☐☐
☐ **[Eurasian] Golden Oriole** *Oriolus oriolus* ___	☐☐☐☐
☐ **Brown Shrike*** *Lanius cristatus* _____	☐☐☐☐
☐ **Isabelline Shrike*** *Lanius isabellinus* _____	☐☐☐☐
☐ **Red-backed Shrike** *Lanius collurio* _____	☐☐☐☐
☐ **Long-tailed Shrike*** *Lanius schach* _____	☐☐☐☐
☐ **Lesser Grey Shrike*** *Lanius minor* _____	☐☐☐☐
☐ **Great Grey Shrike** *Lanius excubitor* _____	☐☐☐☐
☐ **Southern Grey Shrike*** *Lanius meridionalis* __	☐☐☐☐
☐ **Woodchat Shrike** *Lanius senator* _____	☐☐☐☐
☐ **Masked Shrike*** *Lanius nubicus* _____	☐☐☐☐

- ☐ *Your lists* _____
- ☐ **[Eurasian] Jay** *Garrulus glandarius* _____
- ☐ **[Common] Magpie** *Pica pica* _____
- ☐ **Spotted Nutcracker*** *Nucifraga caryocatactes*
- ☐ **Red-billed Chough** *Pyrrhocorax pyrrhocorax* _
- ☐ **[Eurasian] Jackdaw** *Corvus monedula* _____
- ☐ **Rook** *Corvus frugilegus* _____
- ☐ **Carrion Crow** *Corvus corone* _____
- ☐ **Hooded Crow** *Corvus cornix* _____
- ☐ **[Common] Raven** *Corvus corax* _____
- ☐ **Common Starling** *Sturnus vulgaris* _____
- ☐ **Rosy Starling*** *Sturnus roseus* _____
- ☐ **House Sparrow** *Passer domesticus* _____
- ☐ **Spanish Sparrow*** *Passer hispaniolensis* ____
- ☐ **[Eurasian] Tree Sparrow** *Passer montanus* ___
- ☐ **Rock Sparrow*** *Petronia petronia* _____
- ☐ **Yellow-throated Vireo*** *Vireo flavifrons* ____
- ☐ **Philadelphia Vireo*** *Vireo philadelphicus* ___
- ☐ **Red-eyed Vireo*** *Vireo olivaceus* _____
- ☐ **Chaffinch** *Fringilla coelebs* _____
- ☐ **Brambling** *Fringilla montifringilla* _____
- ☐ **[European] Serin** *Serinus serinus* _____
- ☐ **[European] Greenfinch** *Carduelis chloris* ____
- ☐ **[European] Goldfinch** *Carduelis carduelis* ___
- ☐ **[Eurasian] Siskin** *Carduelis spinus* _____
- ☐ **[Common] Linnet** *Carduelis cannabina* _____
- ☐ **Twite** *Carduelis flavirostris* _____
- ☐ **Lesser Redpoll** *Carduelis cabaret* _____
- ☐ **[Common] Redpoll** *Carduelis flammea* _____
- ☐ **Arctic Redpoll*** *Carduelis hornemanni* ____
- ☐ **Two-barred Crossbill*** *Loxia leucoptera* ____
- ☐ **Common Crossbill** *Loxia curvirostra* _____
- ☐ **Scottish Crossbill** *Loxia scotica* _____

☐ *Your lists* _____	☐☐☐☐

- ☐ **Parrot Crossbill*** *Loxia pytyopsittacus* _____ ☐☐☐☐
- ☐ **Trumpeter Finch*** *Bucanetes githagineus* ___ ☐☐☐☐
- ☐ **Common Rosefinch** *Carpodacus erythrinus* __ ☐☐☐☐
- ☐ **Pine Grosbeak*** *Pinicola enucleator* _____ ☐☐☐☐
- ☐ **[Common] Bullfinch** *Pyrrhula pyrrhula* _____ ☐☐☐☐
- ☐ **Hawfinch** *Coccothraustes coccothraustes* ____ ☐☐☐☐
- ☐ **Evening Grosbeak*** *Hesperiphona vespertina* ☐☐☐☐
- ☐ **Black-and-white Warbler*** *Mniotilta varia* __ ☐☐☐☐
- ☐ **Golden-winged Warbler*** ☐☐☐☐
  Vermivora chrysoptera
- ☐ **Tennessee Warbler*** *Vermivora peregrina* ___ ☐☐☐☐
- ☐ **Northern Parula*** *Parula americana* _____ ☐☐☐☐
- ☐ **Yellow Warbler*** *Dendroica petechia* _____ ☐☐☐☐
- ☐ **Chestnut-sided Warbler*** ☐☐☐☐
  Dendroica pensylvanica
- ☐ **Blackburnian Warbler*** *Dendroica fusca* ____ ☐☐☐☐
- ☐ **Cape May Warbler*** *Dendroica tigrina* _____ ☐☐☐☐
- ☐ **Magnolia Warbler*** *Dendroica magnolia* ___ ☐☐☐☐
- ☐ **Yellow-rumped Warbler*** *Dendroica coronata* ☐☐☐☐
- ☐ **Blackpoll Warbler*** *Dendroica striata* _____ ☐☐☐☐
- ☐ **Bay-breasted Warbler*** *Dendroica castanea* _ ☐☐☐☐
- ☐ **American Redstart*** *Setophaga ruticilla* ____ ☐☐☐☐
- ☐ **Ovenbird*** *Seiurus aurocapilla* _____ ☐☐☐☐
- ☐ **Northern Waterthrush*** *Seiurus noveboracensis* ☐☐☐☐
- ☐ **Common Yellowthroat*** *Geothlypis trichas* __ ☐☐☐☐
- ☐ **Hooded Warbler*** *Wilsonia citrina* _____ ☐☐☐☐
- ☐ **Wilson's Warbler*** *Wilsonia pusilla* _____ ☐☐☐☐
- ☐ **Summer Tanager*** *Piranga rubra* _____ ☐☐☐☐
- ☐ **Scarlet Tanager*** *Piranga olivacea* _____ ☐☐☐☐
- ☐ **Eastern Towhee*** *Pipilo erythrophthalmus* __ ☐☐☐☐
- ☐ **Lark Sparrow*** *Chondestes grammacus* _____ ☐☐☐☐
- ☐ **Savannah Sparrow*** *Passerculus sandwichensis* ☐☐☐☐

- [ ] *Your lists* _____ ☐☐☐☐
- [ ] **Song Sparrow*** *Melospiza melodia* _____ ☐☐☐☐
- [ ] **White-crowned Sparrow*** _____ ☐☐☐☐
  Zonotrichia leucophrys
- [ ] **White-throated Sparrow*** *Zonotrichia albicollis* ☐☐☐☐
- [ ] **Dark-eyed Junco*** *Junco hyemalis* _____ ☐☐☐☐
- [ ] **Lapland Bunting [Longspur]** _____ ☐☐☐☐
  Calcarius lapponicus
- [ ] **Snow Bunting** *Plectrophenax nivalis* _____ ☐☐☐☐
- [ ] **Black-faced Bunting*** *Emberiza spodocephala* ☐☐☐☐
- [ ] **Pine Bunting*** *Emberiza leucocephalos* _____ ☐☐☐☐
- [ ] **Yellowhammer** *Emberiza citrinella* _____ ☐☐☐☐
- [ ] **Cirl Bunting** *Emberiza cirlus* _____ ☐☐☐☐
- [ ] **Rock Bunting*** *Emberiza cia* _____ ☐☐☐☐
- [ ] **Ortolan Bunting** *Emberiza hortulana* _____ ☐☐☐☐
- [ ] **Cretzschmar's Bunting*** *Emberiza caesia* ____ ☐☐☐☐
- [ ] **Yellow-browed Bunting*** *Emberiza chrysophrys* ☐☐☐☐
- [ ] **Rustic Bunting*** *Emberiza rustica* _____ ☐☐☐☐
- [ ] **Chestnut-eared Bunting** *Emberiza fucata* _____ ☐☐☐☐
- [ ] **Little Bunting** *Emberiza pusilla* _____ ☐☐☐☐
- [ ] **Yellow-breasted Bunting*** *Emberiza aureola* ☐☐☐☐
- [ ] **Reed Bunting** *Emberiza schoeniclus* _____ ☐☐☐☐
- [ ] **Pallas's Bunting*** *Emberiza pallasi* _____ ☐☐☐☐
- [ ] **Black-headed Bunting*** _____ ☐☐☐☐
  Emberiza melanocephala
- [ ] **Corn Bunting** *Emberiza calandra* _____ ☐☐☐☐
- [ ] **Rose-breasted Grosbeak*** _____ ☐☐☐☐
  Pheucticus ludovicianus
- [ ] **Indigo Bunting*** *Passerina cyanea* _____ ☐☐☐☐
- [ ] **Bobolink*** *Dolichonyx oryzivorus* _____ ☐☐☐☐
- [ ] **Brown-headed Cowbird*** *Molothrus ater* ___ ☐☐☐☐
- [ ] **Baltimore Oriole*** *Icterus galbula* _____ ☐☐☐☐
- [ ] _____ ☐☐☐☐

* Species for which descriptions are required by the British Birds Rarities Committee (BBRC)

Use this page to add other species that are not included in the British List and sub-species that you wish to include in your birding records.

Thanks to the BOU for the initial use of their British List from which this checklist was based. www.bou.org.uk

Running total of species in your lists

Trip notes	
Location:	
Date:	
Time start:	Finish:

Trip notes	
Location:	
Date:	
Time start:	Finish:

Trip notes	
Location:	
Date:	
Time start:	Finish:

Trip notes	
Location:	
Date:	
Time start:	Finish:

Trip notes	
Location:	
Date:	
Time start:	Finish:

Trip notes	
Location:	
Date:	
Time start:	Finish:

Trip notes	
Location:	
Date:	
Time start:	Finish:

Trip notes	
Location:	
Date:	
Time start:	Finish:

Trip notes	
Location:	
Date:	
Time start:	Finish:

Trip notes	
Location:	
Date:	
Time start:	Finish:

Trip notes
Location:
Date:
Time start:　　　　　　　Finish:

Trip notes	
Location:	
Date:	
Time start:	Finish:

Trip notes	
Location:	
Date:	
Time start:	Finish:

Trip notes	
Location:	
Date:	
Time start:	Finish:

Trip notes	
Location:	
Date:	
Time start:	Finish:

Trip notes
Location:
Date:
Time start: Finish:

Trip notes	
Location:	
Date:	
Time start:	Finish:

Trip notes	
Location:	
Date:	
Time start:	Finish:

Trip notes
Location:
Date:
Time start: Finish:

Trip notes	
Location:	
Date:	
Time start:	Finish:

Trip notes	
Location:	
Date:	
Time start:	Finish:

Trip notes	
Location:	
Date:	
Time start:	Finish:

Trip notes	
Location:	
Date:	
Time start:	Finish:

Trip notes	
Location:	
Date:	
Time start:	Finish:

Trip notes	
Location:	
Date:	
Time start:	Finish:

Trip notes	
Location:	
Date:	
Time start:	Finish:

Trip notes	
Location:	
Date:	
Time start:	Finish:

Trip notes	
Location:	
Date:	
Time start:	Finish:

Trip notes	
Location:	
Date:	
Time start:	Finish:

Trip notes
Location:
Date:
Time start: Finish:

Trip notes	
Location:	
Date:	
Time start:	Finish:

Trip notes
Location:
Date:
Time start:　　　　　　　　Finish:

Trip notes	
Location:	
Date:	
Time start:	Finish:

Trip notes	
Location:	
Date:	
Time start:	Finish:

Trip notes	
Location:	
Date:	
Time start:	Finish:

Trip notes
Location:
Date:
Time start: Finish:

Trip notes	
Location:	
Date:	
Time start:	Finish:

Trip notes
Location:
Date:
Time start: Finish:

Trip notes	
Location:	
Date:	
Time start:	Finish:

Trip notes	
Location:	
Date:	
Time start:	Finish:

Trip notes	
Location:	
Date:	
Time start:	Finish:

Trip notes	
Location:	
Date:	
Time start:	Finish:

Trip notes	
Location:	
Date:	
Time start:	Finish:

Trip notes	
Location:	
Date:	
Time start:	Finish:

Trip notes	
Location:	
Date:	
Time start:	Finish:

Trip notes	
Location:	
Date:	
Time start:	Finish:

Trip notes	
Location:	
Date:	
Time start:	Finish:

Trip notes	
Location:	
Date:	
Time start:	Finish:

Trip notes	
Location:	
Date:	
Time start:	Finish:

Trip notes
Location:
Date:
Time start: Finish:

Additional notes	
Location:	
Date:	
Time start:	Finish:

Field sketches

Additional notes	
Location:	
Date:	
Time start:	Finish:

Field sketches

Additional notes	
Location:	
Date:	
Time start:	Finish:

Field sketches

Additional notes	
Location:	
Date:	
Time start:	Finish:

Field sketches

Additional notes	
Location:	
Date:	
Time start:	Finish:

Field sketches

Additional notes	
Location:	
Date:	
Time start:	Finish:

Field sketches

Additional notes	
Location:	
Date:	
Time start:	Finish:

Field sketches

Additional notes
Location:
Date:
Time start:　　　　　　　　Finish:

Field sketches

Additional notes

Location:

Date:

Time start: Finish:

Field sketches

Additional notes	
Location:	
Date:	
Time start:	Finish:

Field sketches

Additional notes	
Location:	
Date:	
Time start:	Finish:

Field sketches

Additional notes	
Location:	
Date:	
Time start:	Finish:

Field sketches

Additional notes	
Location:	
Date:	
Time start:	Finish:

Field sketches

Re-ordering

The Birder's Pocket Logbook is produced by Papworth Publishing and Martin Phillips Associates and available via their website.

To re-order please go to: www.birderslogbook.co.uk

Or by telephone: 01268 510123 ext 238

> Birder's Pocket Logbook
> Papworth Publishing
> Neale Dataday Ltd
> The Charfleet Bindery
> Canvey Island
> Essex
> SS8 0PA

Copyright © Martin Phillips Associates Limited and Papworth Publishing (a division of Neale Dataday Ltd).